蔡志忠作品

心經解密

Interpreting the Heart Sutra

蔡志忠 編繪
Tsai Chih-chung

目錄

序

《心經》到底在講什麼？

《心經》是中國最受歡迎的佛學經典，除了經文最短只有兩百六十個字之外，內容簡潔、優雅有詩意，又有神祕咒語，像是具有神奇法力一般。

有位教授朋友，有一天告訴我說：「從前我發願每天清晨背誦一百遍《心經》，現在我每天背誦兩百遍。」

我知道有的人每天背誦《心經》一百遍、兩百遍，甚至於五百遍。每天起床之後背誦《心經》，確實有平息

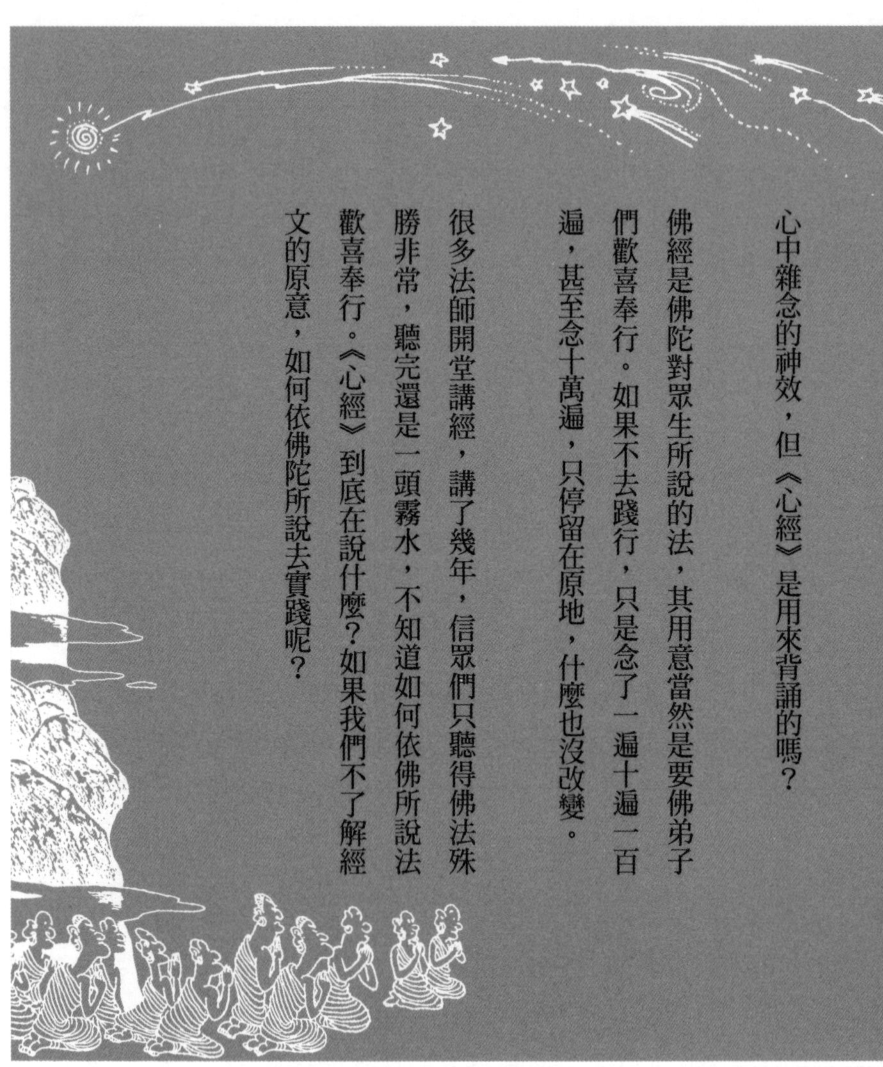

心中雜念的神效，但《心經》是用來背誦的嗎？

佛經是佛陀對眾生所說的法，其用意當然是要佛弟子們歡喜奉行。如果不去踐行，只是念了一遍十遍一百遍，甚至念十萬遍，只停留在原地，什麼也沒改變。

很多法師開堂講經，講了幾年，信眾們只聽得佛法殊勝非常，聽完還是一頭霧水，不知道如何依佛所說法歡喜奉行。《心經》到底在說什麼？如果我們不了解經文的原意，如何依佛陀所說去實踐呢？

《心經》是佛陀說法

佛陀對弟子說法，其實所有佛經大都是觀自在菩薩對舍利子說法，《心經》是佛陀對十大弟子智慧第一舍利子說法。

《心經》的第一段就是：觀自在菩薩，行深般若波羅蜜多時，照見五蘊皆空，度一切苦厄。很多人因而誤以為《心經》是觀自在菩薩對舍利子說法，其實所有佛經大都是佛陀對弟子說法，《心經》是佛陀對十大弟子智慧第一舍利子說法。

舍利子其母名為舍利，相傳舍利子的母親眼睛美麗如鶖鷺鳥，因此舍利子就是鶖鷺之子。智慧第一舍利子和神通第一目犍連原本是婆羅門教智者，他們也有自己的弟子，他聽到佛陀弟子阿說示比丘轉述佛陀的言教：「諸行無常，是生滅法；生滅滅已，寂滅為樂。」而感動不已，遂帶領二百弟子和目犍連一起到竹林精舍皈投在佛陀座下，成為佛陀最重要的弟子。

第一段：觀自在菩薩，行深般若波羅蜜多時，照見五蘊皆空，度一切苦厄。是本經的源起。

佛教是心的教導

眾生心生，則佛法滅；
眾生心滅，則佛法生。

佛教，可以說是佛陀對眾生們如何正確使用心的教導，人會產生痛苦煩惱都來自於我們自己的心，佛陀透過《心經》教導我們如何正確使用我們的心，令心寂滅不生妄想妄念，以達到寂靜的智慧彼岸。

無明眾生自以為有一個恆久不變的自我，面對任何情境時，都以自我立場去分析情境的好壞順逆，於是產生愛憎分別。然而世界只是隨順變化，不會依我們的期待展現。《心經》是佛陀對十大弟子智慧第一舍利子說法，所以《心經》是一部專門談論如何正確用心的經典，同時也是一部最有智慧的聖典。詳實描述修行得道的開悟者所達到的至高心境與寂靜彼岸的境界。本書盡可能以淺顯易懂的文字說明《心經》的原意，希望讀者能清楚明白，並依尋佛陀的教導調御自己的心，無論面對任何情境都能身心清淨，活出自己的天堂境界。

第 I 章

漫談《心經》

觀自在菩薩，行深般若波羅蜜多時，照見五蘊皆空，度一切苦厄。舍利子，色不異空，空不異色，色即是空，空即是色，受想行識，亦復如是。舍利子，是諸法空相，不生不滅，不垢不淨，不增不減。是故空中無色，無受想行識，無眼耳鼻舌身意，無色聲香味觸法，無眼界，乃至無意識界。無無明，亦無無明盡，乃至無老死，亦無老死盡。無苦集滅道，無智亦無得。以無所得故，菩提薩埵，依般若波羅蜜多故，心無罣礙，無罣礙故，無有恐怖，遠離顛倒夢想，究竟

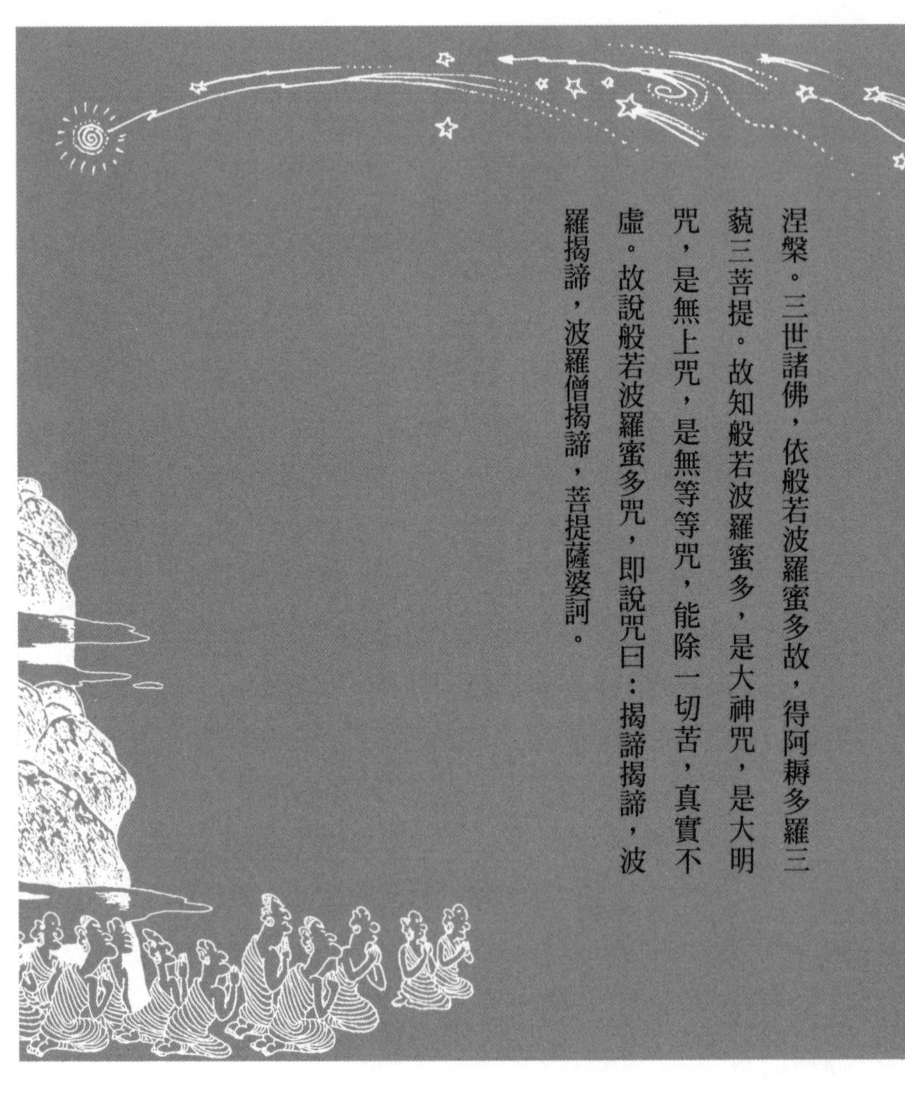

涅槃。三世諸佛，依般若波羅蜜多故，得阿耨多羅三藐三菩提。故知般若波羅蜜多，是大神咒，是大明咒，是無上咒，是無等等咒，能除一切苦，真實不虛。故說般若波羅蜜多咒，即說咒曰：揭諦揭諦，波羅揭諦，波羅僧揭諦，菩提薩婆訶。

觀自在菩薩，行深般若波羅蜜多時，
照見五蘊皆空，度一切苦厄。

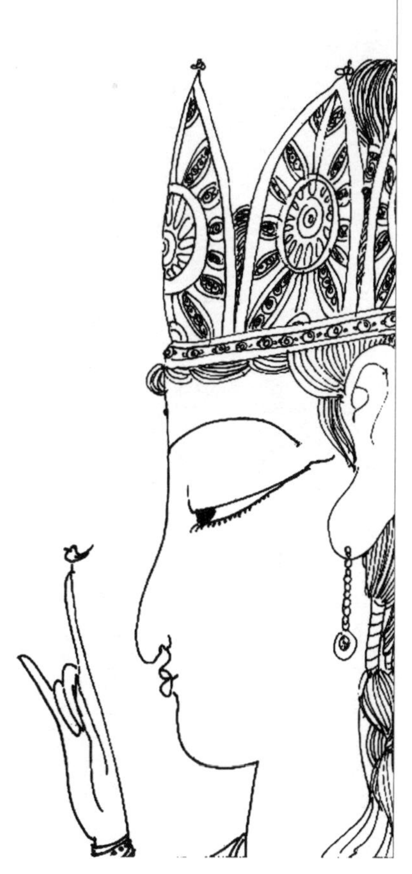

當初有一位善於思考自我存在的修行者，依智慧到彼岸的方法做最深層思考……他發現：我們自以為有個不變的我存在，透過自己的感官去察覺外在一切，這樣的觀念是錯的！以自我立場，評斷現前情境的好壞順逆，心生愛憎分別，痛苦煩惱便因而產生了！情境只是因緣聚合的不實現象，若能無我地融入於現前情境，痛苦煩惱便不再產生了。

有相

凡人常以自我為出發點，分辨情境的好壞順逆，心生愛憎分別，即是「有相」。

無相曰空

開悟者沒有自我，他面對情境時無我地融入當下即是「無相」，無相就是「空」。

佛陀說：「如果我們的心被邪惡所引誘，被欲望所俘虜時，我們應當要予以抑止。我們行為不要隨心所動，應該要做心的主人主導自己。」

度一切苦厄

一切情境本無好壞，
際遇順逆全因自己。

一切痛苦煩惱皆從自己本心上起，
若能不以眾相分別，苦無從生起。

當我們不再執取有個內在的自我與外在變化的情境互動，而是內外融而為一，沒有一個不變的我存在，痛苦、煩惱便不再產生了。

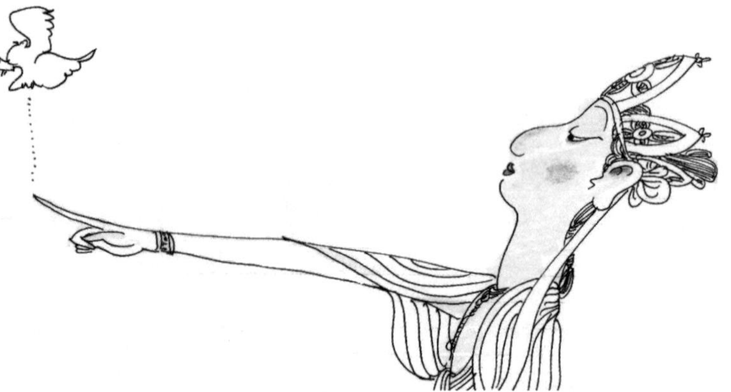

舍利子，色不異空，空不異色。
色即是空，空即是色。受想行識，亦復如是。

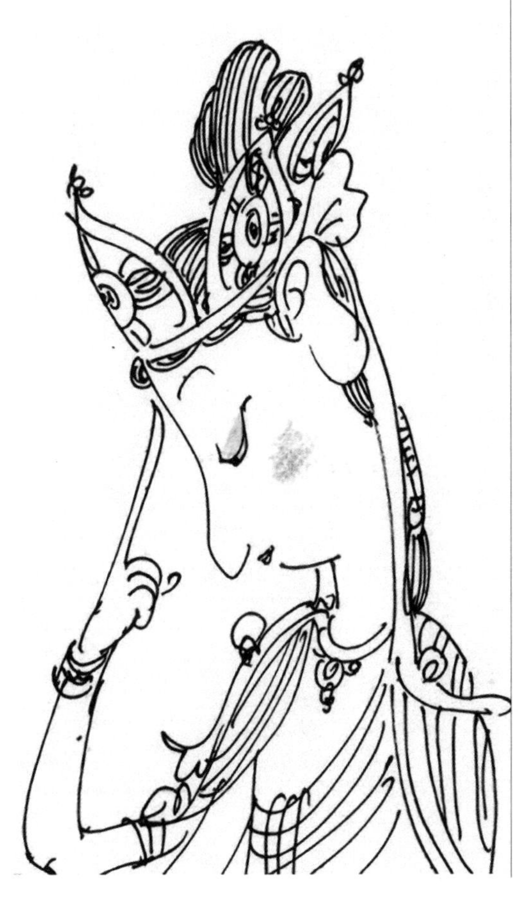

舍利子啊！一時聚合的情境是無實現象，無實現象是短暫情境，一時情境即是現象，現象即是一時情境。我們的主觀想法也瞬時萬變。

色不異空

此有故彼有，此生故彼生；此無故彼無，此滅故彼滅。

具體有形現象來自於空無的變化；變化與現象不異，是互為因果的相同東西。一切眼前現象（色），都是隨緣生滅的因緣產物，只是一時變化的剎那短暫現象（空），因此開悟者不執著眼前情境。

現前變化的情境，就是色。把色看成隨時變化的無實現象，就是空！

相由心生

弟子問：「什麼是相？」

達摩說：「眼前所見的情境，即是相。」

弟子問：「什麼是無相？」

達摩說：「有相也是無相之相，不可以眼見，唯有智慧能知。當我們不站在自己的角度時，現前情境便是無相。」

眼前所見一切情境，都是因緣條件相加而成的一時變化，並非永恆不滅的真實。

開悟得道的禪師們，把所有現前變化的情境稱之為：空！

舍利子，是諸法空相，不生不滅。不垢不淨，不增不滅。

舍利子啊！所有現前情境都只是條件一時聚合的剎那短暫現象，不要有愛憎分別。我們要隨情境變化，不去想它怎麼來，也別想它怎麼去。

諸法空相

宇宙中任何事物必然變化，不變化的必然不存在。

一切眼前情境，稱之為諸法。

只是瞬時變化的無實現象，稱之為空相。

如果我們能持有這樣觀念，在面對不同情境時，沒有所謂變化與現象緣生緣滅，也沒有際遇好壞淨垢增減的差別。

心垢則眾生垢，

心淨則眾生淨；

欲得佛土，當淨其心；

隨其心淨，則佛土淨。

眾生面對情境時，見色見空，起心動念，心生愛憎、有無、是非。

開悟者內心清靜，不見有空，不見有色。

是故，空中無色，無受想行識，無眼耳鼻舌身意，
無色聲香味觸法。

無實現象沒有好壞分別，不要有主觀想法，不以自我為出發點，沒有所要分析的外在對象。

眼耳鼻舌身意六根與色聲香味觸法，六塵是感官接收信息的機制。

現象，只是一時的無常因緣和合，變化極為短暫殺那存在，皆為非實體的空狀態。

受想行識

五蘊：色、受、想、行、識。

色是外在變化的情境，
受想行識是面對情境時生出愛憎分別。

六識：眼耳鼻舌身意

六塵：色聲香味觸法

六識與六塵

弟子問：「什麼是六識？」

達摩說：「眼、耳、鼻、舌、身、意，我們的六種感官，偵測外在六塵。」

弟子問：「什麼是六塵？」

達摩說：「色、聲、香、味、觸、法，六種外在情境。」

由此六識，出入諸根，

貪著萬境，能成惡業。

無眼界，乃至無意識界。
無無明，亦無無明盡，乃至無老死，亦無老死盡。
無苦集滅道，無智亦無得。

眼前情境沒有順逆，內心也沒有愛憎分別。若能達到這種境界，苦便無從產生，也沒有苦需要消除。苦生苦滅無從輪轉，身心與當下合一，無所缺欠，也無所得。

無無明、無老死

當初佛陀在菩提樹下苦思，覺悟出苦形成的次第過程：無明、行、識、名色、六入、觸、受、愛、取、有、生、老死，痛苦產生的十二因緣次第過程。

無明：一切不如實知，是苦因的緣起。

老死：苦的消逝，因為諸行無常，任何事物瞬時變化，苦也會消失。

開悟者一心不生，因此沒有苦的緣起，沒有苦的消逝。

佛陀說：「諸行無常，是生滅法；生滅滅已，寂滅為樂。面對眼前情境時，心無愛憎分別，放下一切便能擺脫苦厄。」

以無所得故，菩提薩埵，依般若波羅蜜多故，心無罣礙，無罣礙故，無有恐怖，遠離顛倒夢想，究竟涅槃。

雖無所得，但追求無上智慧的修行者依智慧到彼岸的修行方法，悟通生命實相。他的心沒有罣礙、沒有恐懼、遠離顛倒夢想，達到最終的開悟。

遠離顛倒夢想

迷惘世界由心所生，我們所看到的情境如何？來自於我們的心如何感受！

無明眾生因為不如實知，而處於迷惑的妄想狀態。修行者遠離顛倒夢想，而達到清淨自在一念不生的最高覺悟。

三世諸佛，依般若波羅蜜多故，
得阿耨多羅三藐三菩提。

過去現在未來的開悟者們，都依智慧到彼岸的修行方法，而達到無上正等正覺的最高智慧覺悟。

阿耨多羅三藐三菩提

阿耨多羅三藐三菩提即是至高無上的正等正覺，修行者所追求的最高覺悟。

然而所謂最高覺悟，就是淨化自己的心。

這顆能思、能想，照映諸羅萬象的心即是佛性。心落入生死苦海稱之為眾生，修行得道即是成佛。

佛在靈山莫遠求，靈山就在汝心頭。

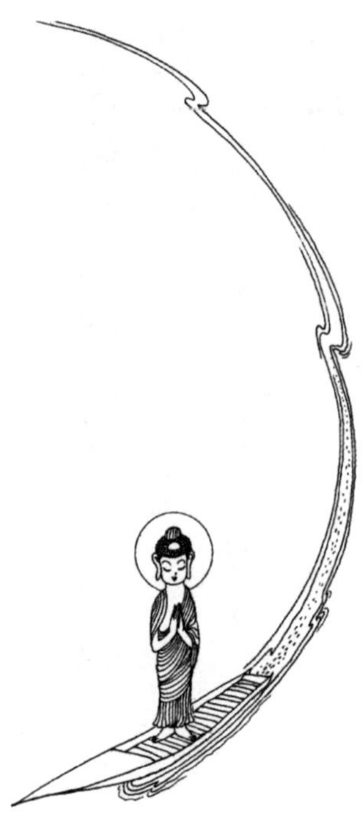

故知般若波羅蜜多，是大神咒，是大明咒，是無上咒，是無等等咒，能除一切苦，真實不虛。

因此我們知道，智慧到彼岸的修行方法是大神咒，是大明咒，是無上咒，是無等等咒，能除一切苦，是真實不虛的。

能除一切苦

佛陀還沒開悟之前，也是個內心充滿痛苦煩惱的此岸眾生，他在菩提樹下悟通了痛苦煩惱產生的次第過程，和消除痛苦的無我法門。

佛陀說：「比丘們啊！現在和從前一樣，我只教導苦如何產生和如何消除苦，凡是跟苦生苦滅無關的，就不是我所說的。」

眾生心生，則佛法滅；
眾生心滅，則佛法生。

佛陀說：「一切眾生，悉有佛性。每個人都可以開悟得道成佛。」

調御自己的心，悟通生命實相，是眾生修行開悟得道成佛的次第過程。佛與眾生無所差別，關鍵只在於我們的那顆心。當我們不再執取自我主觀與外在變化的情境，而是內外融而為一，沒有一個不變的我存在，痛苦、煩惱便不再產生了。

故說般若波羅蜜多咒，即說咒曰：
揭諦揭諦，波羅揭諦，
波羅僧揭諦，菩提薩婆訶。

抵達智慧彼岸的美妙境界，無法用語言文字描述，只能以咒語讚頌：「揭諦，揭諦，波羅揭諦，波羅僧揭諦，菩提薩婆訶。

般若波羅蜜多

般若波羅蜜多就是智慧到彼岸的修行方法，所有過去現在未來開悟者們，都是通過這個方法抵達寂靜的智慧彼岸。

其實並無真實的此岸與彼岸，此岸即是眾生的心態，彼岸則是開悟者的心境。寂靜就是一念不生，面對眼前情境，心不起生滅，苦也無從生起。

揭諦，揭諦，波羅揭諦，波羅僧揭諦，菩提薩婆訶。

密咒是不可解說的，如要強行翻譯：

揭諦＝去，波羅＝到彼岸，僧＝眾人，菩提＝覺悟，薩婆訶＝迅速成就。整句話的意思就是：

「去啊，去啊！去彼岸啊！

大家都去彼岸，迅速完成開悟多美妙啊！」

《心經》白話翻譯

《心經》以短短兩百六十個字，
解說修行得道開悟者的彼岸境界，
其中有非常多色不異空、空不異色、受想行識、
五蘊皆空等佛學術語，
要翻譯得能讓沒有佛學基礎的信眾一看就明白，
並能依此經文踐行是有很大的困難度。
以下我們試著以平實的語言，來描述《心經》所傳達的意境——

當初有一位擅於思考自我存在的修行者，依智慧到彼岸的方法做最深層思考……

他發現：我們自以為有個不變的我存在，透過自己的感官去察覺外在一切，這樣的觀念是錯的！

以自我立場，評斷現前情境的好壞順逆，心生愛憎分別，痛苦煩惱便因而產生了！情境只是因緣聚合的不實現象，若能無我地融入於現前情境，痛苦煩惱便不再產生了。

佛陀對舍利子說：「舍利子啊！情境是一時聚合的無實現象，無實現象只是短暫的眼前情境，一時情境即是現象，現象即是一時情境。我們的主觀想法也瞬時萬變。

舍利子啊！所有現前情境都只是條件一時聚合的剎那短暫現象，不要有愛憎分別。我們要隨情境變化，不去想它怎麼來，也別想它怎麼去。無實現象沒有好壞分別，不要有主觀想法，不以自我為出發點，沒有所要分析的外在對象。

眼前情境沒有順逆，內心也沒有愛憎分別。若能達到這種境界，苦便無從產生，也沒有苦需要消除。苦生苦滅無從輪轉，身心與當下合一，無所缺欠，也無所得。

雖無所得，但追求無上智慧的修行者依智慧到彼岸的修行方法，悟通生命實相。他的心沒有罣礙、沒有恐懼、遠離顛倒夢想，達到最終的開悟。

過去現在未來的開悟者們，都依智慧到彼岸的修行方法，而達到無上正等正覺的最高智慧覺悟。因此我們知道，智慧到彼岸的修行方法是大神咒，是大明咒，是無上咒，是無等等咒，能除一切苦，是真實不虛的。

抵達智慧彼岸的美妙境界，無法用語言描述，我以唱詠讚誦：『去啊，去啊！去彼岸啊！大家都去彼岸，迅速完成開悟多美妙啊！』」

第2章

色與空

色不異空，空不異色；
色即是空，空即是色。

了解空之前，必須先了解色是什麼？
知道什麼是色，空的真義才能真正明白。

弟子問達摩說：「什麼是色？」
達摩回答說：「眼前情境，即是色。」

弟子問：「什麼是心？」

達摩說：「現在問我的，即是心。」

弟子問：「面對色時，心應該如何？」

達摩說：「色不自色，由心故色；心不自心，由色故心。」

弟子問：「怎麼說呢？」

達摩說：「外在情境只是純然情境，沒有淨垢分別。但由於我們的自我主觀，生心分辨情境的好壞善惡。」

外在時空變化＝情境、內在心識變化＝心境。無明眾生的心境外在變化情境所影響，現前情境如我們所期待，心情便很順暢。情境不如預期，心境便墜落谷底。

名與色

弟子問：「什麼是名？」

達摩說：「有形情境叫作色，無形的情境叫作名。我們的心受名色所束縛，因此便有際遇好壞差別。」

弟子問：「際遇不好之時，應如何？」

達摩說：「面對現前情境時，不要以自我的立場生心，便無際遇好壞。眾生心生則佛法滅；眾生心滅則佛法生。」

現前情境便沒有所謂的善惡淨垢分別，也沒有心境好壞順逆。不以自己的心評斷際遇的好壞分別，於是心色兩相生相滅，沒有心，也沒有色。

空性

世間一切有形的情境叫作「色」，色是因緣和合所生，只是一時的無實現象叫作「空」。

色是空的展現，空是色的本質，
因此色即是空，空即是色。

佛陀說：「色即是空，空即是色，受、想、行、識亦復如是。」

佛陀把變化過程看成空性，世間永不止息的變化，人的一生也都隨時在變化。

宇宙萬象各呈姿態，其本來無非是空；

空又以千姿百態的形象呈現，

無非是色。

所以在見物的同時，

也見空的本質，

就不會執著於物。

無眼耳鼻舌身意

古希臘哲學家赫拉克利特說：「一個人不可能兩次踩進同一條河流。」因為人已經不同，水也不同。

現在的我不同過去未來的我，心識也隨時間改變，人的一生中並沒有一個不變的我存在，因此不要以過去的觀念來評斷當下。

無色聲香味觸法

外在的情境瞬時萬變，如果我們不以主觀分辨，只是隨著變化而變化，無我、無分別、無內根感官、無外塵情境、無所差別，便能達到與萬象融而為一的境界。

於任何情境，只是整體一生的剎那切片，而這就是我們的生命實相。人只能掌握當下瞬間，這樣觀察，就是覺悟。

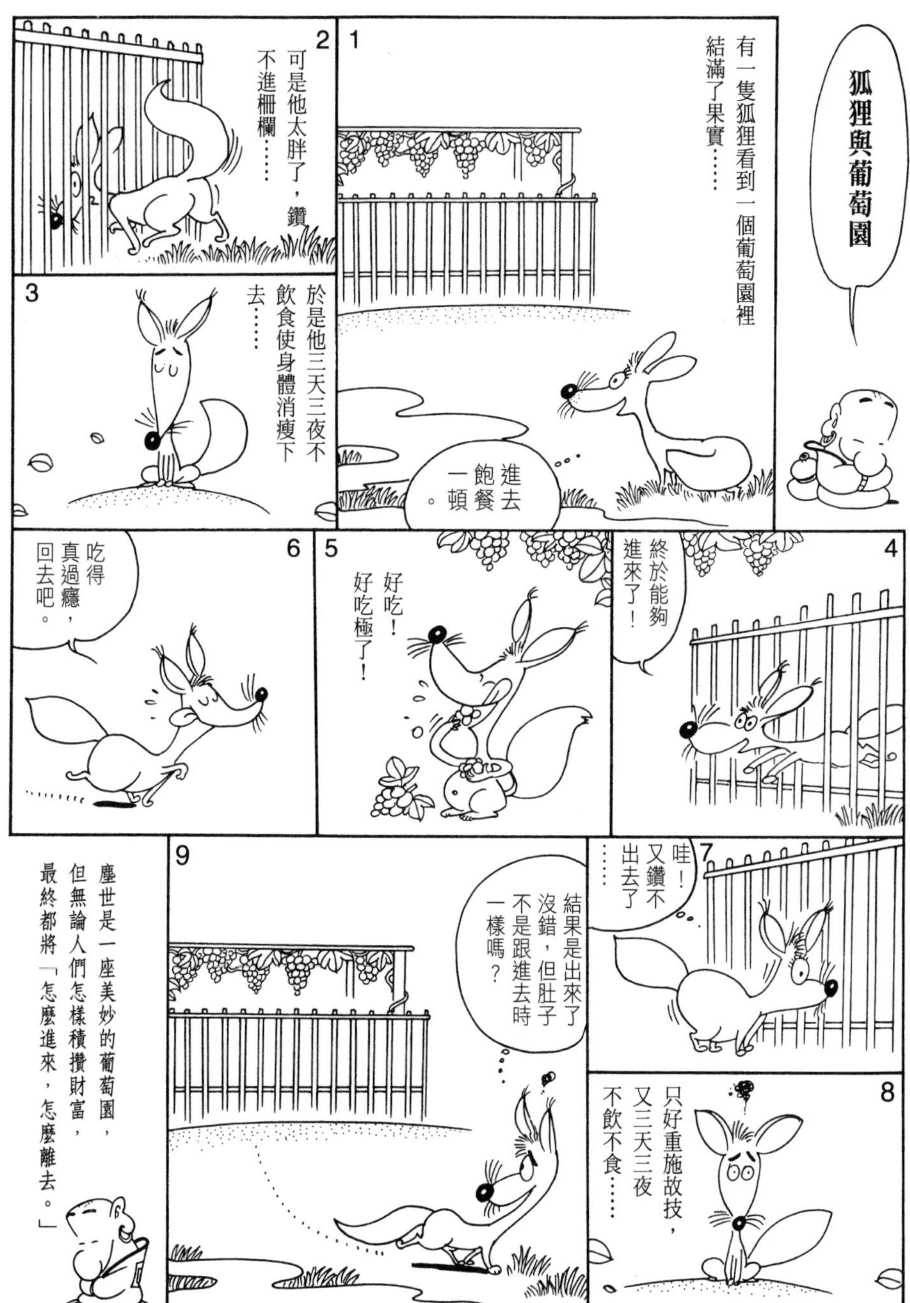
狐狸與葡萄園
1
有一隻狐狸看到一個葡萄園裡結滿了果實……
進去飽餐一頓。
2
可是他太胖了，鑽不進柵欄……
3
於是他三天三夜不飲食使身體消瘦下去……
4
終於能夠進來了！
5
好吃！好吃極了！
6
吃得真過癮，回去吧。
7
哇！又鑽不出去了……
8
只好重施故技，又三天三夜不飲不食……
9
結果是出來了沒錯，但肚子不是跟進去時一樣嗎？
塵世是一座美妙的葡萄園，但無論人們怎樣積攢財富，最終都將「怎麼進來，怎麼離去。」

緣生緣滅曰空

空是什麼意思？

《雜阿含經》說：

觀色如聚沫，
受如水上泡，
想如春時燄，

諸行如芭蕉，
諸識法如幻。

一切因緣生，一切因緣滅。

宇宙一切事物和一切變化，都是由因緣和合而生，也由於因緣消逝而滅。

《金剛經》說：「凡所有相，皆是虛妄。」

開悟者們把一切因緣和合短暫的一時現象，看成無實的。對這個「無實」的描述稱之為「空」。

傅大士講經

弟子問：「什麼是凡？什麼是聖？」

傅大士說：「心有染即凡，心無染即聖。」

弟子問：「什麼是色？什麼是空？」

傅大士說：「心有染即是色，心無染即是空。」

弟子問：「為何色即是空，空即是色？」

傅大士說：「色不可得就是空，真空妙有就是色。」

空不異色

眼前情境只是一時生滅的短暫現象並非實有，故稱之為空。

無實現象是由因緣一時聚合的情境，又稱之為色。因此，色不異空，空不異色。色即是空，空即是色。

開悟者的心不住空，也不住色；不住一切處，就是開悟者的心所安住之處。

五蘊皆空

五蘊，就是外在情境與內在自我意識交織，造成我們身心的苦樂憂喜。其實外在情境瞬時萬變，內在主觀想法也隨時改變，都是一時聚合的無實現象，都是色，也都是空。在變化的情境裡，沒有具體不變的實體，也沒有不變的現象存在，無我、無色、無際遇。我們應以這種態度，看待自己短暫的一生，與整體時空的關係。

開悟者悟通五蘊皆空，面對情境時不生心，也不生煩惱。

第3章

彼岸即是涅槃

何謂涅槃？

佛陀涅槃指的是佛陀往生。其實在古印度語中，涅槃是指東西壞了不能使用；因此，心不再起作用，便稱為心涅槃，心不起作用不生痛苦煩惱而得道成佛，所以涅槃也是開悟的代名詞。

達摩祖師曾言道：「無心之處，即為彼岸。」

又說：「於無妄想處，能達到涅槃。」

佛無涅槃，

亦無此岸及彼岸之差別。

因為涅槃即是：心中沒有涅槃。

究竟涅槃

如果我們的心像鏡子一樣，沒有自己的主觀想法，不站在過去企盼未來，面對當下時只是純然地反映，隨著變化情境而變化，而沒有變化中的那個我存在，就是最高的涅槃。

心的涅槃

弟子問：「什麼是涅槃？」

達摩說：「不生妄想，名為涅槃。」

弟子問：「什麼是般涅槃？」

達摩說：「無煩惱處，名為般涅槃。」

弟子問：「如何達到涅槃？」

達摩說：「於無妄想處，能達到涅槃。」

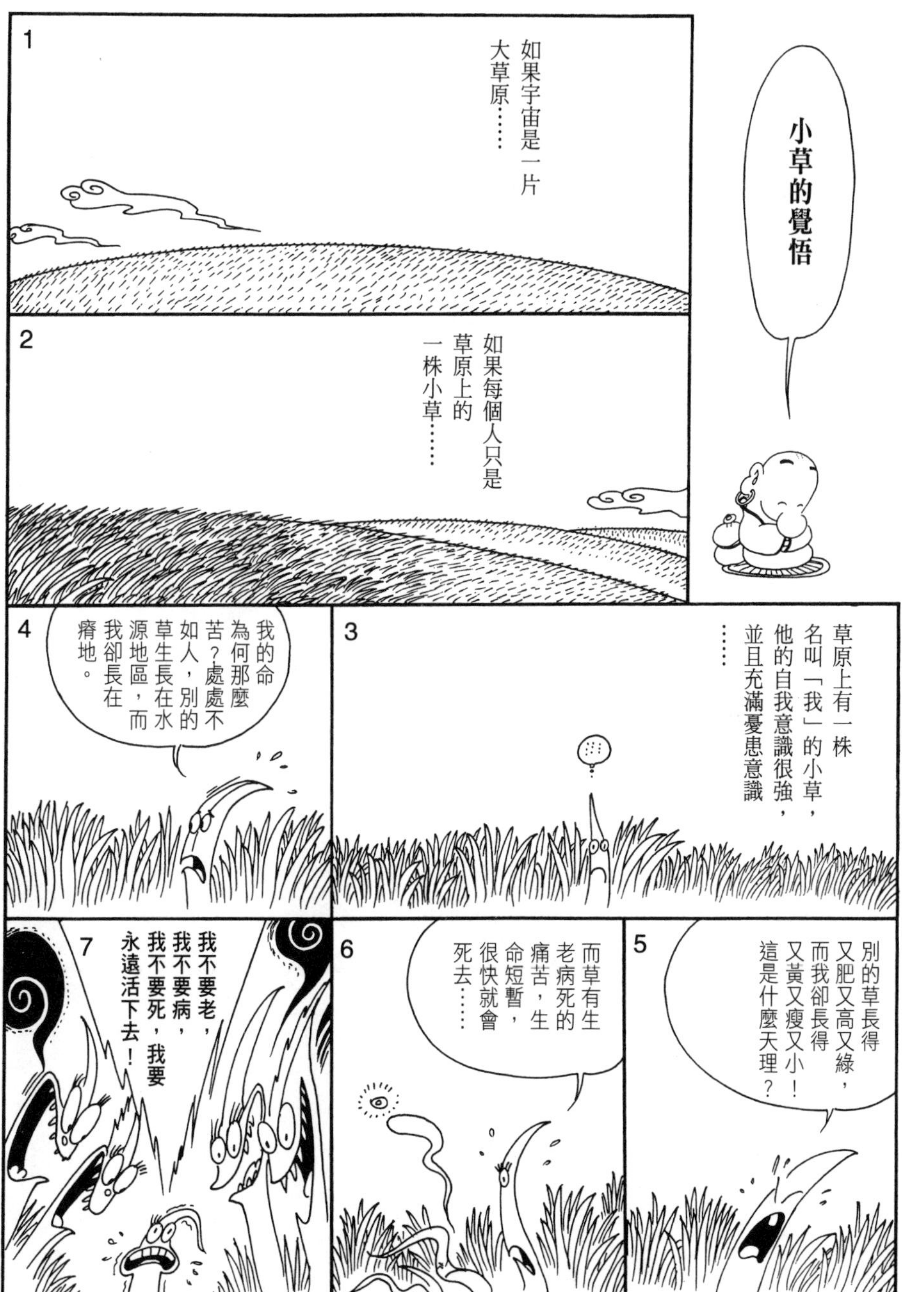
小草的覺悟
1
如果宇宙是一片大草原……
2
如果每個人只是草原上的一株小草……
3
草原上有一株名叫「我」的小草，他的自我意識很強，並且充滿憂患意識……
4
我的命為何那麼苦？處處不如人，別的草生長在水源地區，而我卻長在瘠地。
5
別的草長得又肥又高又綠，而我卻長得又黃又瘦又小！這是什麼天理？
6
而草有生老病死的痛苦，生命短暫，很快就會死去……
7
我不要老，我不要病，我不要死，我要永遠活下去！

8

於是「我」草離開眾草，隻身到荒野修行，想解脫人生痛苦的宿命……

9

他屏除肉體的享受，為尋求精神的昇華超脫而苦修……

10

每天他排除萬般的誘惑，用最高的智慧做深永的沉思……

11

有一天他終於悟得生命的實相……

我想通了！生之苦難再也困不了我！

12

一切事物，一切觀感，都是因為站在自己的觀點去看才產生的啊！所謂生死、美醜、多少都是以自己的立場去看，才會有這種感覺的。

13

不據自己的立場去偵測，就不會感受到這一切偏曲的信息，也不會產生各種差異的分別心。也就無所謂「因」，也無所謂「果」，也無所謂因果的來不來臨，也不再為老、死的問題所困擾而痛苦憂心……

如果宇宙是一片大草原……
如果每個人只是草原上的一株小草……
那麼草就是草原的一分子，
草也是草原本身……
雖然草有生死交替，
但草原本身卻依然生生不息。

涅槃之境

比丘問佛陀說：「如何達到涅槃之境？」

佛陀說：「比丘啊！當我們面對任何情境時，讓感受只是純粹的感受，心永遠處於無來、無往、無始、無終、無住、無想的不生不滅狀態，我稱它為心涅槃。」

比丘說：「如何讓心不生不滅？」

佛陀說：「比丘啊！涅槃就是心不隨情境起作用。心不起作用，不生出苦，無苦就沒有苦的消逝。這就是心不生不滅，是解脫之道的最高涅槃境界啊。」

修行即是修心，降服自己的心，於境不生分別。
在任何當下心不生苦樂，
心不起作用，三界心盡即是涅槃。

心空無想即是涅槃

弟子問：「什麼是涅槃？」

傅大士說：「心空無想，就是涅槃。」

弟子問：「什麼是涅槃心？」

傅大士說：「心無生無滅，就是涅槃心。」

弟子問：「得涅槃時，會怎麼樣？」

傅大士說：「得涅槃，即不見有涅槃。」

弟子問：「為什麼不見涅槃？」

傅大士說：「心就是涅槃。如果說心外有另外的涅槃，就是邪見。」

一切煩惱都是成佛種子，通過煩惱才能得到智慧。

佛無自我，無我便無造業者。

佛不生心，無心便沒有業報。

佛不造因，無因便沒有果報。

佛無涅槃，沒有此岸沒有彼岸。

因為涅槃即是：心中沒有涅槃。

令心寂滅即是道

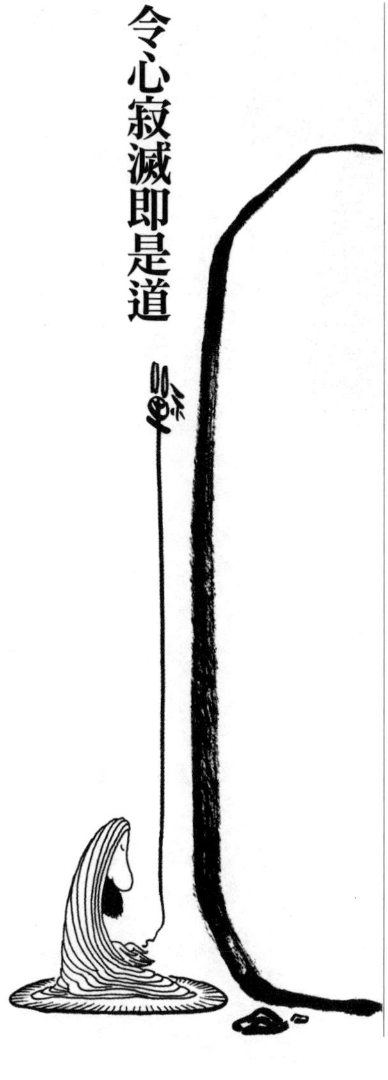

弟子問：「什麼是修行？」

達摩說：「離一切相，即是修行。」

弟子問：「什麼是道？」

達摩說：「令心寂滅，即是道。」

弟子問：「什麼是涅槃？」

達摩說：「一念不生，即是涅槃。」

迷時有此岸

弟子問：「什麼是彼岸？」

達摩說：「無心之處，即為彼岸。」

弟子問：「什麼是此岸？」

達摩說：「心生妄想，則是此岸。」

弟子問：「此岸彼岸就在心中？」

達摩說：「執迷之時，有此岸與彼岸，開悟之後，便無此岸彼岸分別。」

弟子問：「為何無此岸彼岸分別？」

達摩說：「眾生置身於此岸，開悟者的心不在此岸，也不住彼岸。如果心中還有彼岸此岸，他的心不在禪定中。」

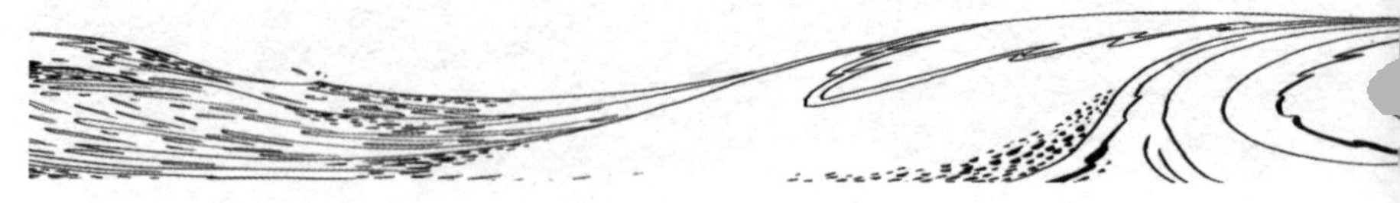

第4章

佛是什麼？

離一切諸相，即名諸佛。

弟子問：「什麼是佛？」

達摩說：「佛即是覺悟，人人都有一顆覺悟的心，人人都能開悟抵達智慧彼岸，故名為佛。」

人人都有佛性，

人人都能成佛。

佛不是法力無邊，
祈禱便能獲得庇佑的神祇。

佛是調御自己的心，
開悟得道的代名詞。

佛就在此心

達摩說：「前佛後佛，都只談其心。」

弟子問：「佛在哪裡？」

達摩說：「佛就在此心。心即是佛，佛即是心；心外無佛，佛外無心。」

弟子問：「這就是心中有佛？」

達摩說：「心即是佛，而非心外有佛。」

弟子問：「佛不在心外？」

達摩說：「如果說心外有佛，佛在哪裡？既然心外無佛，如何生起佛的見解？」

前佛後佛只言以心傳心，此外別無他法。

能夠明瞭頓悟法門，不識字的眾生也能成佛。如果不識自心靈覺之性，就算將自己化為微塵，也不能開悟成佛。

如果知道自己的心就是佛，便不應該在心外尋佛。佛不是由佛產生出來的，佛是由眾生見性成佛。往心外覓佛就是不認識佛。

即心即佛

弟子問：「不藉由文字，什麼是心呢？」

達摩說：「問我的就是你的心，回答你的就是我的心，如果我沒有心怎麼來回答你？如果你沒有心又如何來問我？」

弟子問：「為何即心是佛？」

達摩說：「從無始以來，在任何時空所有一切運動，都是你本心所發出來的作用，這個心就是你的本佛，這就是即心是佛。」

弟子問：「心外有佛嗎？」

達摩說：「心即是佛，除此心外，再也無佛可得，離開此心，往外覓尋菩提涅槃是不可能的事。」

自性真實非因非果，佛法是從我們自性心中流出來的，所以心就是涅槃。如果有人說在心之外，也可以覺悟成佛，那就是邪說。

佛即是本心

弟子問：「什麼是法身？」

達摩說：「法身沒形象，佛也稱為法身，名為本心。」

本心無形相、無因果、無筋骨、有如虛空無相，無法捉摸。

本心不同於有形之物，不同於外道。本心只有開悟的如來能體會，眾生無法明瞭。本心不離我們的色身。

佛是調御丈夫

心如魔術師，能隨意化現一切。
我們認為世界是天堂或地獄？
世界就呈現出我們所認為的樣子。

我們的心有如畫家，
善於將現前情境化現為好壞順逆！

佛與眾生的差別在於心識作用不同。

迷者為眾生，悟者為佛。
心外無眾生，心外無佛。

佛是調御丈夫，
不讓自己的心隨世俗觀念左右。

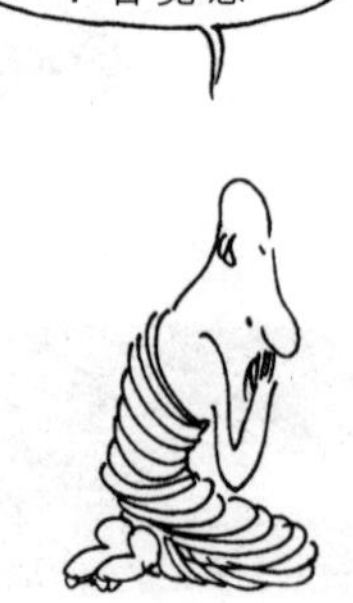

佛與眾生

佛陀說：「天堂和地獄不在世界以外，天堂和地獄就在我們的六尺之軀。」

我們是自己的天堂，
我們是自己的地獄。

世界只是世界，依它本然的樣子呈現。

人各有不同的觀點而有不同的感受。

百千法門，同歸方寸；
河沙妙德，總在心源。

想通的覺悟者就是佛，
看不清實相即是眾生。

見性成佛

心性本淨、佛性本有、

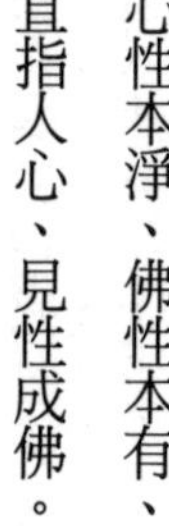

直指人心、見性成佛。

心即是佛，佛即是眾生，

心、佛、眾生本是一體，

差別只在於內在那顆心。

長沙景岑禪師說：

學道之人不識真，祉為從來認識神，
無始劫來生死本，癡人喚作本來人。

人生的種種痛苦煩惱，緣起於我們的自心。

未悟通生命實相的凡夫，即是紅塵此岸的眾生。
佛是調御丈夫，降服自己的心而達致無苦境界，即是抵達寂靜彼岸的佛。

第5章

心是什麼？

心，沒有顏色，沒有重量，沒有分好惡。惟人們在世上感受到的一切痛苦來源，其實都是來自於自己所追求的各種欲望；是故，若是能將心保持在清靜的狀態，則煩惱苦痛無處可生，自然回歸清淨覺悟的心。

修行最重要的功課，其實就是修心。要時時關注心的狀態，要摒除貪嗔癡三毒，讓心回歸自然如嬰孩般純淨。莊子也有言，要跟鏡子學習，因為鏡子永遠直接反映出世間最真實的樣貌，不因世事變化而心生苦樂。

修心沒有訣竅，只能從生活中實踐才能覺悟。而我們也因為透過觀心的過程，才能使自己成為身的主人、成為心的主人。

一切唯心所造

佛陀說：「有悲則有喜，有喜則有悲，超越悲喜、超越善惡，則無束縛。」

這個充滿悲苦、煩惱、迷惘的世界，緣起於我們的這個心。

一切唯心所造，迷與悟也唯心所造。

世間一切諸苦緣起於我們的那顆心。

心與意

心垢則眾生垢，心淨則眾生淨；

欲得佛土，當淨其心；隨其心淨，則佛土淨。

對境覺知名為「心」，心生計量名為「意」。

感受理解外在一切的是「心」，由此生出分別判斷的是「意」。

是心意形成眾生的天堂、地獄、快樂、痛苦的感受與後續行為。

心湛然常寂

弟子問：「心是什麼？」

達摩說：「心不青不黃，不紅不白，不長不短，不去不來，不好不惡，不垢不淨，湛然常寂；是我們自心造作顛倒夢想，生出痛苦煩惱。」

空心不動

弟子問：「我們的本心會變嗎？」

達摩說：「從無始以來，此心不生不滅，不增不減。無是非，無聖無凡，無佛無眾生。本心宛如虛空，抓不到丟不掉、掌握不了。」

動不離心，心不離動。動是心動，動即其用。

動外無心，心外無動。動不是心，心不是動。

動本無心，心本無動。

心無自我

弟子問：「身心用什麼來見？是眼見、耳見、鼻見、身心見嗎？」

達摩說：「不是用感官見。」

弟子問：「不是用感官，怎麼見？」

達摩說：「以自性照見。」

弟子問：「自性怎麼見？」

達摩說：「自性本來清淨，湛然空寂，由於自體空寂，因此能見。」

弟子問：「這個清淨的自體，它用什麼方法來照見一切呢？」

達摩說：「有如鏡子一樣，鏡子由於本身清澈無象，才能照見當下現前一切像。」

弟子問：「為什麼呢？」

達摩說：「因為鏡子無心，也沒有自己，才能反映萬象。」

兩千三百年前，莊子便教導我們要跟鏡子學習，鏡子時時反映萬象，不因變化的萬象心生苦樂。

開悟禪者的心有如鏡子，因為他知道一個宇宙中恆久不變的事實：「世界並不依照我們所期待的樣子發展！」

非有心非無心

弟子問：「什麼是有？」

達摩說：「無明眾生隨境生心，就是有。」

弟子問：「什麼是無？」

達摩說：「除滅心念，就是無。」

弟子問：「什麼是非有心非無心？」

達摩說：「菩薩與佛不曾生心，也不滅心，就是非有心非無心。」

弟子問：「什麼是中道？」

達摩說：「非有心非無心，就是中道。」

一切因緣生

諸法因緣生，諸法因緣滅；我佛大沙門，常作如是說。

佛陀說：「此有故彼有，此無故彼無。此生故彼生，此滅故彼滅。一切因緣生，一切因緣滅。」

一切情境本無好壞，際遇順逆全因自己。

一切痛苦煩惱皆從自己本心上起，若能不去分別情境好壞，苦便無從生起。

心無病最難

五陰無常、沫聚喻於色、痛如水中泡、想譬熱時炎、行為若芭蕉、夫幻喻如識。

佛陀說：「比丘們啊！世間有兩種病：身體的病和心靈的病。有的人可以一年、十年、一百年身體都不生病，但心靈不生病的人，是世上稀有的啊！」

心靈的疾病是最大的苦，是真正最嚴重的疾病；心靈中的疾病治好了，苦也就不再產生了。

煩惱痛苦起於方寸

弟子問：「什麼是國土穢惡？」

達摩說：「心中有貪嗔癡三毒，是名國土穢惡。」

弟子問：「如何才能國土清淨？」

達摩說：「心中無貪嗔癡三毒，是名國土清淨。」

在充滿污穢的不淨之地，開悟是不可能的。

不淨污穢就是三毒；開悟就是清淨覺悟的心。

不要有一個主觀的自己

弟子問：「什麼是自心造作？」

達摩說：「把變化情境當成不存在的，那也是我們的心自己的想法。面對任何際遇時也是如此，是真實存在或是不實的？都是我們的自心作用。」

心中無主觀

弟子問：「心要安住何處，才算是安住？」

達摩說：「安住於無住處，就是安住。」

弟子問：「什麼是無住處？」

達摩說：「不住一切處，就是安住於無住處。」

弟子問：「什麼是不住一切處？」

達摩說：「不住善惡、有無、內外、中間。」

心不住空，也不住不空；

不住定，也不住不定；

心不住一切處，就是心安住之處，

這叫作無住心，無住心就是佛心。

我們所感覺的世界是由我們的心所創造出來的，當我們自覺孤獨時，一人獨處時孤寂，在人群中也孤寂……

我們認為世界怎麼樣……
世界就呈現出我們所想的樣子！
當我們用正確的思想來說話或行動時……
快樂就會跟隨著我們，就像影子跟隨著人一樣。
我們的心反映出我們的世界！
當我們的心快樂時，花在笑，雲也在笑。
當我們悲傷時，
風在哭，海在悲號。

修行即是調伏自己的心

四祖道信說：「境緣無好醜，好醜起於心。心若不強名，妄情何處起？」

人生的一切苦難大都是產生於我們的那顆心！

修行最主要的功課是：心的調伏。

學佛的目的是：通過觀照自己的心，使自己成為身的主人、成為心的主人。

然而我們無法通過經典文字或老師的教誨得到，只能經由生活中實踐，才能覺悟。

無明之心

問：「佛性以覺性為根，無明之心以什麼為根？」

答：「無明之心有八萬四千煩惱，其惡多如恆河沙數。」

問：「無明之心以什麼為根？」

答：「以三毒為根本。」

問：「什麼是三毒？」

答：「貪、嗔、癡，就是三毒。」

三毒心具有一切諸惡。就像大樹，雖然只有一條主根，但枝葉卻多得無法計算。

觀心法門

達摩觀心法門中，有一段和弟子的對話：

弟子問：「如果有人想學佛法，修什麼法門最簡便？」

達摩說：「修觀心法門。」

問：「為什麼？」

答：「觀心法門涵蓋一切諸法，也最容易學。」

問：「只有一門觀心法，如何能涵蓋諸法？」

答：「心是萬法根本，一切諸法唯心所生，如果能了解心，則萬法皆備。」

問：「如何修行觀心法門？」

答：「觀心有如父母照顧自己的孩子，時時刻刻守望護著嬰兒。心如同無知的嬰兒一樣，隨心所欲住於染心，用正思維規範心，讓心回歸本然。」

這個心很微妙難以掌握，
這個心不同於塵世色心，
這個心每個人都想見得。

我們的意識、心態決定了我們的世界，
當我們懷著怨恨時，我們就活在怨恨之中。
當我們懷著歡娛時，
我們就得到歡娛的生活……
我們的世界，是我們心的反映。

我們的心可以改變我們對外在世界的看法，
懷著怨恨，得到的只會是怨恨；
懷著愛，將得到愛；
懷著快樂的心，得到的是快樂的生活。

了見自心

問：「如何觀心才能參透呢？」

答：「觀世音菩薩修行波羅蜜多時，照見五蘊空寂無我，觀見一切現象都是自心造作。」

問：「如何自心造作？」

答：「造作的心有二種。」

問：「哪二種？」

答：「一是清淨心，二是污染心。」

問：「什麼是清淨心？」

答：「樂於一切善因，就是清淨心。」

問：「什麼是污染心？」

答：「常思維惡業，就是污染心。」

無明眾生兩種心都有，行為處世時，清淨心與污染心交互呈現。

心清淨不受污染，即是聖人；能脫離一切諸苦，證悟涅槃之樂。

若隨污染心造業，即是凡人；將沉淪三界，受盡種種痛苦煩惱。

以忍止怨
在這個世界裡，從來就沒有能用怨恨來解除怨恨的……
只有愛才能止息怨恨，這是亙古不變的法則。
愚昧的人不了解「人終將一死。」智者明瞭這一點，因此一切爭議得以平息。

第6章

心是一切痛苦之源

兩千五百年前，佛陀在菩提樹下覺悟出痛苦產生的次第過程！他又接著思維了七天，終於覺悟出痛苦止息的方法：人會產生痛苦是因為有一個無明的「我」存在。人若能「無我」，在任何情境都能無我，苦便無從生成、無處可附著。

佛陀說：「我覺悟出痛苦生成的真理！我也覺悟出消滅痛苦的方法！苦生苦滅是我一生說法的主題。」

只要了解一切痛苦的來源都由「心」起，

並藉由修行來導正心，保持心的端正，
就能消滅痛苦，達到無苦境界。

心的端正

佛陀攸關痛苦生滅的生死輪轉的思想，在一千多年後，已經被誤解為前生來世的輪迴轉世。因此龍樹菩薩才在《七十空性論》第一篇開宗明義的指出：

以下經文凡是提到生、住、異、滅、有、無以及比較差、一樣、比較好這些言詞，佛陀只是借用世間的語言，而不是真的在說：生、住、異、滅、有、無、劣、等、勝。

佛陀沒有分別心，不會以自己的價值觀去分斷事物與情境的好壞順逆。想要看清超越

實相與非相的真理，了脫生死不是真指生命的生死，佛陀所指的是苦生苦滅的輪轉。

佛陀悟通痛苦是來自於我們的「心」，修行的目的在於「心」的端正，以達到無苦境界。

人面對不同情境時，以自我的角度去分辨際遇的好、壞、善、惡，苦也因而產生出來了。我們於赤子之時原本沒有這些分別心，隨著人的成長養成種種錯誤的自我價值觀念，痛苦煩惱也因而產生了。因此六祖慧能才說：

菩提本無樹，明鏡亦非台。
本來無一物，何處惹塵埃。

「佛」是調御丈夫，學習佛法即是修習心法的調御，破除種種錯誤的觀念，重拾父母未生之前的真如本性。

迷悟之間

弟子問達摩說：「什麼是迷？如何是悟？」

達摩說：「迷時人逐法，解時法逐人。解時識攝色，迷時色攝識。」

弟子問：「怎麼說？」

達摩說：「面對現前情境，用心分別計較好壞，即是夢覺。如能看清自心本應寂靜不

動，面對情境時不起心動念，就是正覺。」

弟子問：「什麼是自心現量？」

達摩說：「面對任何情境時，情境只是變化剎那過程，並非不變的存在，如果把情境當成不變的真實，那是我們的心自己的想法。」

六波羅蜜

問：「什麼叫做度？」

答：「度就是：自利利他普度眾生。」

問：「什麼是六波羅蜜？」

答：「六波羅蜜是布施、持戒、忍辱、精進、禪定、智慧，也稱為六度。」

問：「什麼是六度的真義？」

答：「六度就是運載。六波羅蜜有如船筏，能運眾生抵達寂靜彼岸，故名六度。」

問：「何謂布施？」

答：「捨離一切情境，名為布施。」

問：「何謂持戒？」

答：「心不放逸，名為持戒。」

問：「何謂忍辱？」

答：「面對情境，平等自在，名為忍辱。」

問：「何謂精進？」

答：「調御自心，朝向彼岸，名為精進。」

問：「何謂禪定？」

答：「降服心賊，湛然不動，名為禪定。」

問：「何謂智慧？」

答：「常修覺慧一念不起，名為智慧。」

眾生修行佛道，如果能確實做到：布施、持戒、忍辱、精進、禪定、智慧六波羅蜜，很快便能抵達寂靜彼岸。

觀念決定自己的前途

我從小便抱持積極想法：「任何消息必然是好消息。即使被老闆開除，我也會把它當成好消息！」

如果我們把它當成壞消息，
所能得到的一定是壞結果。

如果我們把它當成好消息，

因而發憤便能得到好結果。

人生際遇的好壞順逆，純粹只是自我主觀想法，如果我們心持樂觀積極，未來就展現出樂觀積極的結果。

渡女過河
坦山和尚與一年輕和尚走在路上看見一位漂亮的女孩過不了河。
我抱你過河。
師父，謝謝您了，再見！
他倆繼續走了半天路程……
……
我們出家人不是不近女色嗎？剛才你為什麼要那樣做？
哦！你說那個女人嗎？
我早就把她放下了，你還抱著嗎？
!
渡人過河的，心中並沒有抱持著女色，坦坦然無牽無掛。一直抱持著女色的不正是那個小和尚嗎？

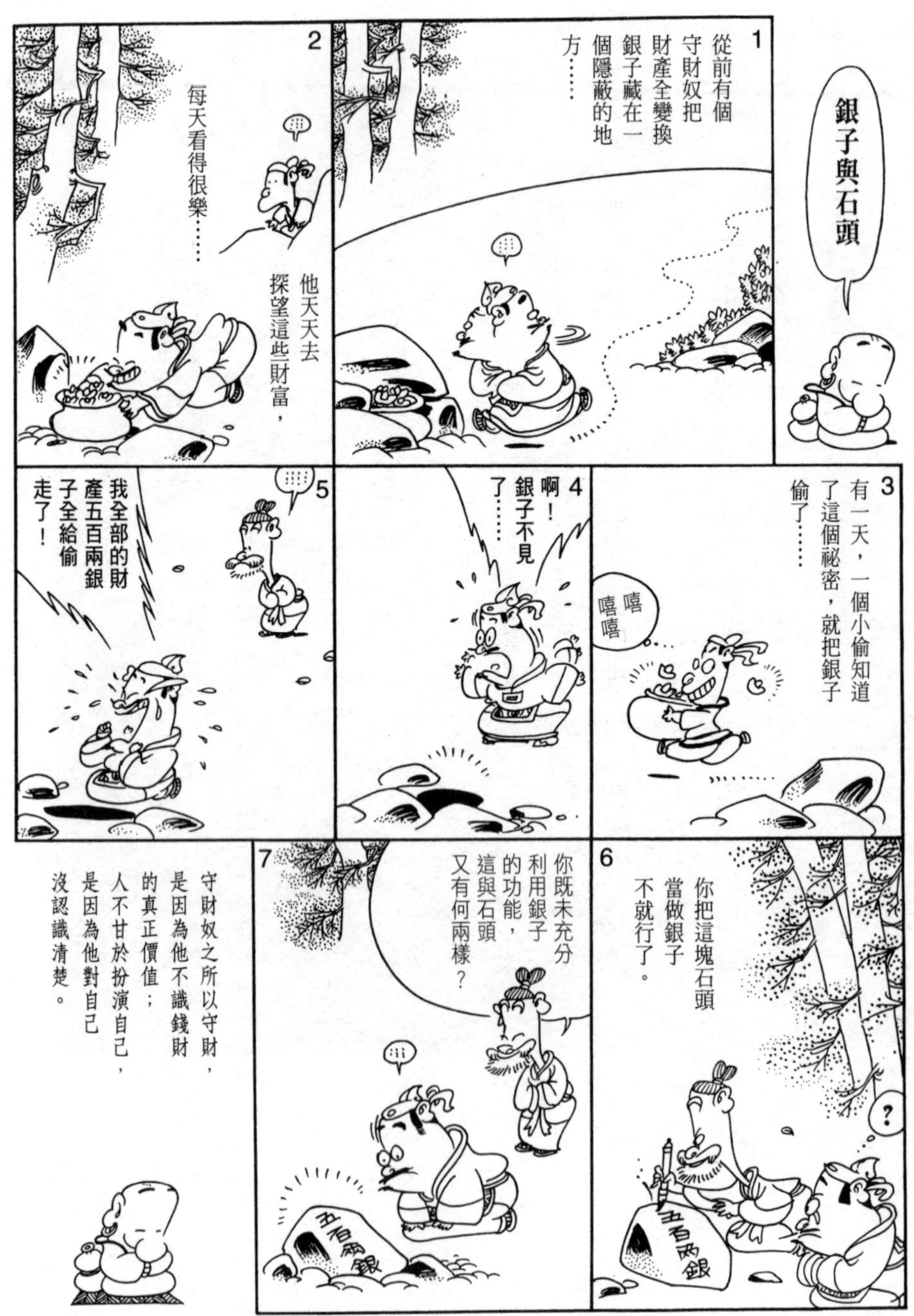
銀子與石頭
1
從前有個守財奴把財產全變換銀子藏在一個隱蔽的地方……
2
他天天去探望這些財富，
每天看得很樂……
3
有一天，一個小偷知道了這個祕密，就把銀子偷了……
嘻嘻嘻嘻
4
啊！銀子不見了……
5
我全部的財產五百兩銀子全給偷走了！
6
你把這塊石頭當做銀子不就行了。
五百兩銀
7
你既未充分利用銀子的功能，這與石頭又有何兩樣？
五百兩銀
守財奴之所以守財，是因為他不識錢財的真正價值；
人不甘於扮演自己，是因為他對自己沒認識清楚。

第7章

如何正確使用心？

什麼是正確使用心的方法？

就是把心當成鏡子一樣如實反映當下，不以過去、現在、未來之心看待事物，也沒有我、人、主、客、時間的分別心，能隨時隨地無我地融入於當下剎那瞬間，這便是最高的空狀態。

當我們的心不再有「我、我所有」的觀念時，沒有所謂好或不好的分別判斷，分分秒秒的活在當下剎那，無我地與情境合而為一，這便是抵達寂靜智慧的彼岸。

彼岸並不在另一個世界，不在別處，
而是確確實實的活在現前此時此處。

何處低頭不見我？
四方同此水中天。

水月觀音

竹影掃階塵不動，
月穿潭底水無痕。

唐朝周昉曾畫過一張水月觀音，觀音坐在水邊觀水中之月，從月穿潭底水無痕，悟通一個真理：

我們的心要像水面一樣平靜，把眼前情境視為虛幻不實的月影，心不因為月影穿過而

起波瀾。

於任何當下真心不動一念不起，把眼前情境看成月影竹影，便能達到《菜根譚》所說的境界：

雁渡寒潭雁去潭不留影，

風吹疏竹風過竹不留聲。

禪宗即心宗

五祖弘仁以前，禪宗以《楞伽經》為禪宗經典。《楞伽經》說：「佛語，心第一。」禪宗被稱為心宗。達摩度二祖、二祖度三祖、三祖度四祖、四祖度五祖，都談到心的問題。

《二祖慧可》
斷臂求法
太和十年十二月九日，有位名叫神光的禪僧為了求法，通宵站在洞外不動。
你一直站在雪中，究竟有什麼心願？
但願師父打開甘露之門拯救眾生，請教我佛法吧。
諸佛為求無上的悟道不惜花費無限時間去修行。你憑極小的決心來求大法，我想你是很難如願的。
嗚

7
諸佛為求法，不把身體當身體，不把生命當生命。你斷臂求法也是一種很好的行為。
8
請師父為弟子安心。
你拿心來，我將為你安心。
9
我已尋了很久，可是找不出心來。
假如你能找到的話，那又怎能算是你的心呢？
10
我已經給你安好了心，你現在明白嗎？
11
明白了！
12
於是達摩祖師就收神光為弟子，並替他改名為慧可。
諸法本空寂，因此菩薩才不動念，不動念才能登涅槃之岸。

《三祖僧璨》心即是佛也是法
公元五五九年，有位居士來膜拜慧可大師……
我大概是前世作孽，才為風疾所苦，請大師替我懺悔！
你把罪拿來，我替你懺悔。
我找了半天，卻找不到罪。
我已經替你懺悔完畢，現在就請你皈依佛、法、僧三寶。
我拜見大師，算是知道了僧，但不知道什麼叫佛和法？
心就是佛，也就是法，佛和法並無差別。
明白了，罪這種東西既不在內，也不在外，更不在中間。
我收你為徒，傳你正法眼，替你命名為僧璨。
僧璨後來繼承了慧可，成為禪宗的三祖。

《四祖道信》自在解脫
僧璨大集眾生，廣施正法之雨，這時有位少年僧侶前來膜拜。
什麼心才算是佛心呢？
你現在的心是什麼心？
我現在沒有心。
連你都沒有心了，佛又如何能有心呢？
但願師父能指示一條解脫的法門。
誰綁住了你？
沒有人綁住我。
既然誰也沒綁住你，那你就是已經解脫，為何還要求解脫法門呢？
這位和尚當下大悟，他就是禪宗的四祖道信。

五祖弘仁：性是空的

五祖弘仁很小的時候遇到四祖道信，

道信問他說：「你姓什麼？」

弘仁說：「我有姓，不過不是一般人的姓。」

道信說：「那是什麼姓？」

弘仁說：「是佛性。」

道信說：「你難道沒有姓嗎？」

弘仁說：「性是空的，所以沒有。」

道信聽了非常歡喜，徵求他的母親同意，讓弘仁到黃梅雙峰東山寺出家，跟隨道信三十年，後來繼承衣缽傳承法嗣。

慧可得髓

吾本來茲土，傳法救迷情。一花開五葉，結果自然成。

7
地水火風本來是空的，眼耳鼻舌身也非實有，整個世界沒有一法存在。
8
你只得到我的骨。
9
最後輪到慧可，他向達摩行了一個禮，便站著不動。
10
哈哈哈哈哈哈
11
你已得到了我的髓。
12
於是，慧可便成為禪宗的二祖，接續達摩祖師廣度眾生的工作。

如何是解脫？

弟子問達摩說：「什麼是解脫？」

達摩說：「如果我們於自心造作之時，能洞見那個造作的心王，便能獲得解脫。」

弟子問：「應該怎麼做，才能解脫？」

達摩說：「心隨境轉，處處不失正念」

弟子問：「經典不是有求解脫之法嗎？」

達摩說：「從經典得解脫效果小，要從實踐開始，因為修行離不開生活。」

弟子問：「學者有學問，為何不能得道？」

達摩說：「因為他有自我，才無法得道。」

弟子問：「有我，便無法見道？」

達摩說：「開悟者逢苦不憂、遇樂不喜，因為他沒有自我。」

弟子問：「沒有自我，就沒有苦？」

達摩說：「連我都不存在了，還有什麼苦樂存在？」

藉教悟宗

禪是透過佛陀的教導，悟出禪宗的根本精髓。

禪是直接實踐佛陀言教的方式，抵達最終的寂靜無苦智慧彼岸。

禪宗的傳道方法也非常特殊：

不立文字，教外別傳。

直指人心，見性成佛。

禪宗傳法
「不立文字，教外別傳，直指人心，見性成佛。」用這四句偈去寫達摩的思想，遠不如去寫慧能的思想來得正確。
1
菩提之道是以心傳心，經書只是喚起自悟的方便法門而已。
2
無論如何高明的禪師，也無法把自己的悟力塞入對方的心中，只能像接生婆一樣，在適當的時機，幫助孕婦去生她自己的孩子。
3

不立文字

六祖慧能說：「迷人口念，智者心行。」

禪宗重視「自力、自度、自救」。培養特立獨行的堅強人格以至達到禪悟的境地，欲想成就得道，就必須親自經歷種種艱苦磨練。

承言者喪，逐句者迷。

禪宗極少使用佛教的術語，重視體證、經驗、實踐，而不是言說、論析、理論。重要的是做，而不是講。語言文字只是媒介，而不是真理。禪是活生生的體驗，不存在任何的言語文字中。禪宗講求實踐而不重視言說，禪並不依據固定的佛教經論。

不立文字
1
我們不應執著於經中的文字，也不應認為別人依照我們的話便能解脫。
2
應該「自性真空」，但可別執著於空。如果靜坐時使自己的心完全空掉了，那便是槁木死灰的頑空。
?
?
?
3
真空就是無限的真實，萬法都在人的心中。
空
空
空
空
4
執著於空的人，常常誹謗經書，主張拋棄一切文字。
5
如果真的拋棄文字，那麼連「不立文字」的話也應該拋棄，因為這句話也著了文字相。
!
思想是沒有聲音的語言，而文字則是語言的符號。過多的語言和思慮，反而與根本智不相應了。

教外別傳

禪宗是經論言教以外的另一支傳承。

禪宗是創造性的宗派，它不依據固定的經論，沒有複雜的思想體系，沒有神祕的宗教儀式。

禪以一躍而入直截了當的方式，直接傳承佛陀的心髓達致開悟。

教外別傳
當慧能逃離黃梅，被一位叫惠明的和尚追到的時候……
我此來不是為了衣缽，而是為了求法，懇請接引。
你先拋棄一切外緣，斷絕一切思念，我便為你說法。
是。
不要想到善，不要想到惡，這個時候，什麼是你本來的面目？
啊……
請再告訴我一些祕密的意思……
如果你能反照自己，祕密的意思就在你的心中。
謝謝你的指點，使我覺得「如人飲水，冷暖自知」，一切都明白了。
智慧跟知識不同，無法由智力去傳授；它是必須用你整個的身心去體驗、去實踐。

直指人心

內見自性不動，名為禪。見則直下便見。擬思即差。

禪宗是直指人心、明心見性。向外尋求解脫之道，便是騎驢覓驢。

禪，不是依樣畫葫蘆的鸚鵡學嘴，

禪，是用自己的心勇敢面對生命。

直指人心
1
由於心，
我們才能實現自我，
由於心，
我們才會步入地獄。
2
沒有心，便沒有善與惡、
捨與執、迷與悟、菩提與煩惱。
3
心不是靜的整體，
而是動的歷程，
像水一樣，有時純淨、
有時混濁、有時平穩、
有時湍急。
4
心的悟力是常流的，
而不停於一處。
5
應無所住而生其心，
不染著於物，不為物所奴役驅使，
於是心便解脫了。
道是使我們能逍遙自
在的，可是偏執的心
卻使外界的一切變成
了我們的桎梏。

以萬法為師

佛陀帶著弟子們經過一片樹林時，從地上撿起一片葉子，回頭問弟子們說：「弟子們啊！你們說：我手上的葉子多呢？還是整個樹林的葉子多呢？」

弟子們回答說：「老師！你手上只有一片葉子，怎能跟整個樹林所有葉子相比呢？」

佛陀說：「是的！我手上只有一片葉子，不能跟整個樹林所有葉子相比。我所能教你們的也如同我手上的一片葉子一樣，而世間能讓你們學習的，同整個樹林的葉子一樣多。」

見性成佛
1
一般人認為明、暗兩者不同，但有智慧的人卻了解明、暗兩者的本性是沒有差別的。
2
我們的自性本是清淨的，為善為惡都是由心而生。
3
如果此心想惡的話，便入地獄。
4
想善的話，便進天堂。
5
有惡害之心，便變為龍蛇；有慈悲之心，便變為菩薩。
6
執迷不悟，念念起惡便無法得道。一念向善，便生智慧，想通了，你即是「佛」。
明暗、有無、善惡、生死都是相對的，「自性」是超越相對，卻又包含相對，能達到這點，你便是「自性化身佛」。

讓他三尺有何妨

從前有個人為了一堵圍牆，和鄰居起爭執，心裡忿忿不平，就捎信給在京城做官的父親，希望父親用官府的權勢把牆爭過來，他的父親很明理，回了兒子一首詩：

「萬里修書只為牆，讓他三尺有何妨？
長城萬里今猶在，不見當年秦始皇。」

心是一切痛苦煩惱之源，

心處於葛藤糾纏時，我們便置身於地獄。

退一步讓他三尺時，我們便置身於天堂。

驢子是馬的替代品

整部《景德傳燈錄》裡，有文字立傳的開悟禪師才九百多人。禪宗最盛行的年代開悟的禪師就很少，當今世上真正的禪師更是稀有。

學生問空空尊者說：「如何分辨那位才是開悟的真禪師？」

空空尊者回答說：「在沒有馬的國度的驢群中，很難分辨哪一匹是馬。禪師大都不是真正的禪師，他們只是禪師的替代品。真正的禪師很少，大都只是替代品得了禪師的

稱謂。在沒有馬的國度裡，驢子就被人叫作馬。」

鹹淡兩相宜

一九二五年初秋，弘一法師因為戰爭而住在寧波七塔寺。

有一天老友夏丏尊前來拜訪時，看到弘一法師吃飯時桌上只有一道鹹菜。

夏丏尊問：「難道這鹹菜不會太鹹嗎？」

弘一大師回答說：「鹹有鹹的味道。」

飯後，弘一大師倒了一杯白開水喝。

夏丏尊問：「沒茶葉嗎？只喝這平淡的開水？」

弘一大師笑著說：「淡有淡的味道。」

無論際遇情境順逆好壞，禪者都能鹹淡兩相宜。

把握每一當下，活得清清楚楚，明明白白！

無住
1
出家在家都沒有什麼分別，
只看你是否執著外在的一切。
2
執著外在的一切，
便像水的波浪一樣，
便有得失，
於是就有了痛苦。
3
不執著外在的一切，
像平穩的水，
自由流動，
沒有生滅的現象，
這就是幸福的彼岸。
4
心不僅要捨惡，
而且應離善，
要超越善惡等相對的一切，
於是便能真心不動。
把持住心，
不被周邊的
浮光掠影所牽引，
心不動搖就不為物所牽；
涉及到相對的見解，
都應加以揚棄，
片刻也不讓它停留心中。

安心法門

達摩四論的「安心法門」中，有一段達摩和弟子的對話，詳述如何安住自己的心：

弟子問：「為何要修道？」

達摩說：「有我，便需要修道。」

問：「無我，則不需要修道？」

答：「既然無我，還有誰需要修道？」

問：「不修行，能成佛嗎？」

答：「如果沒有自我存在，面對任何情境時便沒有好壞順逆。是情境的是，而不是我的是；是情境的非，而不是我的非。」

即心無心，是為通達佛道；

即物不起見，是名達道。

如何打開慧眼？

問：「如何才算是開慧眼？」

答：「即心無心，就是通達佛道；面對一切現前情境，不心生好壞見解，就是達道。於任何當下，能如實知其本源，就是此人開慧眼。」

問：「於生活中，應該怎麼做才對？」

答：「智者隨著情境變化而變化，沒有際遇順逆取捨。愚人期待世界依自己所期待的方向發展，於是便有際遇順逆取捨。」

智者任物不任己，即無取捨違順；

愚人任己不任物，即有取捨違順。

不見一物，名為見道

問：「什麼是見道？」

答：「面對情境時不見際遇，就是見道。」

問：「什麼是行道？」

答：「心不造作任何妄想，就是行道。」

問：「什麼是見佛？」

答：「心面對任何變化情境，都不安住，無所造作，就是見佛。」

面對情境時，看到好壞順逆，就看到煩惱痛苦。

自心取捨際遇善惡差別，便墮入地獄。

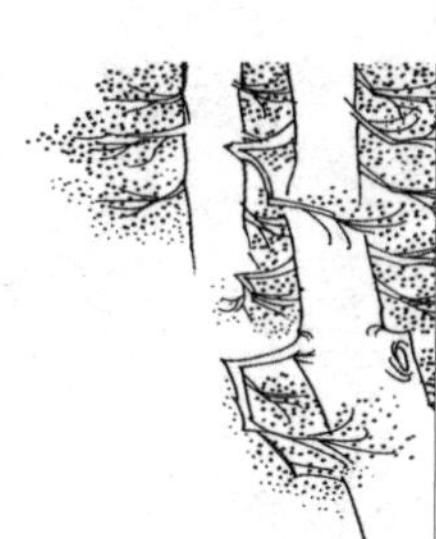

安心不動

問：「如何安住自己的心？」

答：「觀察自心不使妄動，必能得解脫。如果心生憶想分別，即受炙熱烈火焚燒。這就是『現見生死相』。」

問：「心到底是什麼？」

答：「心非色，故非有；用而不廢，故非無。又用而常空，故非有；空而常用，故非無。」

迷時人逐法，解時法逐人。解時識攝色，迷時色攝識。

修行者們抵達寂靜彼岸，達到最高智慧的覺悟，就是正確地使用心，心不生滅，無妄心造作，便能遠離顛倒夢想，得究竟涅槃。

跋

百千法門同歸方寸

母親的懷抱是孩子的彼岸

從小我就不太說話而很愛思考，我一生中跟我的父親、大哥、大姊、妹妹大約談不到五十句話，記得我七八歲時曾跟二哥睡同一張床，整整兩年其間，我印象中，我們好像不曾對談說話。

但我跟母親則無話不說，放學回家第一件事就是急著找媽媽，跟她報告今天老師說了什麼，學校發生了什麼新鮮事。

如果課堂上老師說了一個天方夜譚的故事，我會把整個故事從頭到尾跟母親重述一遍，她邊餵雞鴨，邊聽我重播的神燈故事。有時我看她工作太認真不專心聽，還會生氣地責怪她沒好好仔細聽我說故事。

她會笑著說：「有啊！我很認真在聽啊。」

我說：「那麼妳重述一遍我剛剛說了什麼？」

她總是回答說：「好啦！別生氣，你繼續接著講，我一定專心聽。」

母親沒嫁給父親之前，是家中的大姊大，從小就要幫忙照顧妹妹和略有殘障的弟弟，由於長期主持家務，因此很有自己的想法，不太像一般鄉下婦女那麼遵循三從四德，百分之百聽丈夫的指示。

母親很愛看歌仔戲，每當兩個月一次歌仔戲班巡迴到花壇戲院演出時，她總是無視於

父親生氣與否，非要去看一場不可。

兩個月一次，歌仔戲的鑼鼓聲打破鄉下平靜，歌仔戲公演的廣播宣傳車到鄉下掃街發廣告傳單時，孩子們總是追著宣傳車搶歌仔戲廣告戲單，好不容易搶到一張戲單，便急忙跑回家告訴媽媽：「媽媽！這次是演許仙與白娘子，我們哪一天去看戲？」迫不及待的母親一定回答說：「明天下午我們就去看首映第一場。」

第二天父親吃過午飯後，她急忙洗完碗盤，還來不及把碗盤擺入櫥櫃，便拉著我直奔花壇戲院，隨著「陳三五娘」、「陳世美與秦香蓮」、「孟麗君」的悲歡離合情節，她總是邊看邊哭，哭得像親人過世一樣。

散場後，我的主要任務是：先回家打探父親是否已經從田裡回到家裡？如果父親在家，我得先偷偷打開廚房後門門閂，輕掩門板，然後再回去告訴躲在稻草團後的母親，她便手捧著預藏於後院柴堆上方的餵雞鴨空盆，從廚房後門進屋，假裝自己在後

院工作了一整個下午。

其實父親心裡明白得很，他早知道只要有歌仔戲班到花壇演出，母親一定不計一切後果去看戲。她寧願忍受父親臭著臉生氣一整個星期，也要飛到戲台前過過戲癮，只要一聽到歌仔戲的鑼鼓聲響起，母親的心便無法平靜安心地做家事，得先去看完一場歌仔戲，讓平凡清淡的鄉下生活變得精采絢麗。但她還是很克制自己，每次歌仔戲班來花壇公演十天，她只去看一次下午場，我知道如果父親不反對她看戲，她一定日場、夜場連看十天二十場戲。

於是我們家每兩個月都會上演一場情節一樣的戲碼：歌仔戲到鄉下公演十天，母親偷偷去看一場戲，父親臭著臉一個星期。

我小時候很不能理解：「既然母親那麼愛看戲，為何父親會那麼反對？」後來想清楚：「在貧困的農村裡，父親不能諒解自己辛苦地在田裡工作時，母親卻不做家事，還花錢買票去看戲。」

長大後，我發現我的好勝心來自於全鄉書法第一的父親，但我的成長與個性形成，大都來自於母親。永遠不責罵自己的孩子，絕不跟自己的孩子說：「不！」善於沉迷於自己所喜歡的事物，橫眉冷對千夫指，不理會世間的價值觀和別人的看法，隨著心中想法而行為，這些特立獨行的個性是來自我的母親。

十五歲時，我離家到台北工作，有時會突然想家。但每當想家時，大腦裡的第一個畫面絕對是母親慈祥的笑容，剎那間我明白了一個真理：

母親就是孩子家，
母親在哪裡？
家就在哪裡。
母親就是孩子的寂靜彼岸！

在母親的懷抱裡，心無罣礙、無有恐怖、身心安頓、遠離顛倒夢想，得究竟涅槃。

智慧彼岸是什麼？

我很喜歡看書，有一次看了鈴木大拙的禪書，初次品嘗禪味便滿心歡喜。迅速讀完鈴木大拙十幾本著作之後，便開始看《碧巖錄》、《無門關》、《景德傳燈錄》等中國禪宗經典。

禪，看似語焉不詳，不肯直截了當直白說清楚，但有意思的禪趣，也正在這似懂非懂之間。

佛陀說：「做自己的燈，指引自己的道路。以達寂靜的智慧彼岸。」

我們的痛苦煩惱都來自於自己的心，修行成佛之道即是修心，佛教可說是心的教導，是佛陀教我們如何修持心的宗教。眾生修行悟道無非為了抵達寂靜智慧的彼岸，然而開悟是明心見性，心空無想，並沒有個真實彼岸需要抵達。

禪師對弟子說：

「在這裡你學不到禪，
你只會學到如何思考；
你學不到知識，
你只會得到智慧；
你得不到文憑，
你只會學到真本領。」

弟子問：「修道成佛要花多長時間？」
禪師說：「見性即能成佛，就在當下現前。眼睛能見絕非遙遠，覺悟只在須臾當下瞬間，何須等到白頭終老？」

禪，是最大的天啟，頓悟出生命的真理。
禪，是人一生之中最重要的覺悟！
禪，是覺悟之後的生活態度。

寒山問拾得：「世間謗我、欺我、輕我、見我、惡我、騙我，如何處治乎？」

拾得回答說：「只是忍他、讓他、由他、避他、耐他、敬他、不要理他，再待幾年，你且看他。」

無明眾生面對情境時，心生愛憎揀擇，於是痛苦便產生了。當我們不再執取自我主觀，而能無我地與外在情境融合為一，達到境我交融的空境。這時便能真切地融入天地時空之中，猶如唐代布袋和尚所說：

手把青秧插滿田，低頭便見水中天。
心地清淨方為道，退步原來是向前。

附錄

佛學名詞

以下《心經》內文的佛學名詞，在此以直截了當方式直白翻譯，不使用佛學術語。

舍利子：佛陀十大弟子智慧第一。

此岸：眾生的心態。

彼岸：開悟者的境界。

眾生：世間此岸眾生。

菩薩：修行者。

佛：修行得道的開悟者。

般若波羅蜜多：智慧到彼岸的修行方法。

五蘊：外在情境與內在身心。

諸法：一切眼前情境。

空相：情境是一時聚合的無實現象。

有相：以自我立場看待眼前情境。

受想行識：自我主觀想法。

眼耳鼻舌身意：自我六種感官。

色聲香味觸法：外在六種情境。

無明：一切不如實知，苦形成的緣起。

生滅：苦的生滅或心生心滅。

老死：苦的消逝。

苦集滅道：苦生苦滅的修行之道。

菩提薩埵：追求無上智慧的修行者。

涅槃：開悟，心不起生滅。

阿耨多羅三藐三菩提：無上正等正覺的最高智慧覺悟。

自性：內在不變的本質。

萬法本空：所有情境只是剎那的無實現象。

離一切相：面對情境時，心不生愛憎。

蔡志忠作品
心經解密

作者：蔡志忠
責任編輯：鍾宜君
編輯協力：李雅如
美術編輯：張士勇
校對：呂佳真
法律顧問：董安丹律師、顧慕堯律師
出版者：大塊文化出版股份有限公司
台北市105022南京東路四段25號11樓
www.locuspublishing.com

讀者服務專線：0800-006689
TEL：(02) 87123898　FAX：(02) 87123897
郵撥帳號：18955675　　戶名：大塊文化出版股份有限公司

總經銷：大和書報圖書股份有限公司
地址：新北市新莊區五工五路2號
TEL：(02) 89902588 (代表號)　　FAX：(02) 22901658
製版：瑞豐實業股份有限公司

初版一刷：2016年1月
初版十刷：2024年5月
定價：新台幣 250元
Printed in Taiwan
ISBN：978-986-213-663-8

國家圖書館出版品預行編目(CIP)資料

心經解密 / 蔡志忠作. -- 初版. --
臺北市：大塊文化, 2016.01
面；　公分. -- (蔡志忠作品)
ISBN 978-986-213-663-8(平裝)

1.般若部

221.45　　104022179

U0047029